AF359093

MAGAZIN

POUR

LES GENS DE GOUT

PREMIER CAHIER
No. I.

Idées pour les amateurs de Jardins.

NOUVELLE EDITION.

LEIPSIC
CHEZ FREDERIC AUGUSTE LEO.
1800.

MOSCOW,
CHEZ RISS ET SAUCET.

AVANT-PROPOS.

Voyant l'activité avec laquelle tous les artistes s'efforcent de contribuer à l'embel-lissement de nos demeures, de nos meubles et autres objets susceptibles d'ornements; toute personne capable de sentiment pour le beau et le noble dans les formes et les couleurs, ne sauroit qu'agréer à une entreprise qui, dans toutes les branches des arts qui s'occupent uniquement de la beauté des formes, ou de ce qui peut en être le principal but, lui offre dans quelques feuilles, soit les progrès, que l'on a faits depuis peu, soit aux artistes même, de bons modèles pour leur ouvrir une carriere plus étendue. Plus de noblesse et de simplicité dans le goût, un plus haut degrée d'utilité dans les formes, si cette entreprise nous réussit, en seront les fruits, ce qui est le principal but de l'éditeur et de ceux qui cooperent à la publication de ce Magazin.

Toutes les productions de l'art et de l'industrie, susceptibles d'un goût épuré, de formes gracieuses et d'être représentés avec de couleurs agréables, sont de notre ressort; notre plan comprendra: des idées, projets et dessins de toute sorte de bâti-ments publics, privés, économiques et de plaisance, des dispositions de jardins anglois et des principales parties, qui les composent; de ponts, grottes etc. de machines utiles, d'ouvrages de stuc, de tapisseries, de décorations peintes, d'ouvrages en or et en argent, de desseins pour menuisiers, faiseurs de carosses, serruriers, fayenciers, vernisseurs en étain et fer-blanc ainsi que pour les manufactures de verres, porcelaines et autres.

La réimpression du premier cahier de ce Magazin, que les personnes de goût et quelques feuilles périodique ont bien voulu honorer de leur approbation, nous fournit l'occasion de les remercier ici publiquement de la part qu'on y a prise et des secours, qu'elles lui ont fournis. Cet encouragement nous portera certainement, non seulement à continuer cet ouvrage sur le même pied, mais à redoubler tous nos efforts, pour que ce Magazin destiné aux arts et au goût, soit porté au plus haut degré de perfection possible.

C O N T E N U

DU PREMIER CAHIER

DU MAGAZIN DE L'ART ET DE GOUT.

Pour les amateurs de Jardins.

Pour Meubles.

Planche I.

Cabinet quarré couvert de paille destiné pour un jardin. L'architecte sans lui don-
nera beaucoup de peine, l'apparance d'un tas de buches de différentes grosseurs et diversement disposées; ce qu'il exécutera plus aisement, s'il commence par élever les murs
de charpente et de briques et y attachera par dehors des pieces d'arbre refendus dans
leur longueur, comme il est représenté dans la planche.

L'on peut à volonté varier ou changer les ornemens indiqués sur un fonds
bigarré, mais pour la durée les peindre en huile. Les médaillons ovales peuvent de
même être conservés ou supprimés. Pour la même raison, si l'on veut comme ici
donner à la boiserie une couleur brune, il faudra le faire à l'huile: L'on pourroit
encore préférer de la revêtir d'écorces d'arbres, ce qui donneroit au bâtiment l'air
d'avoir été construit d'arbres non charpentés. Le vase du couronnement peut être
d'argille cuit, ou comme la décoration des angles en feuillage de fer-blanc. L'ouver-
ture peut être fermée par une porte vitrée, et l'on peut pratiquer des fenêtres aux
deux autres faces.

Pl. II.

Idées pour monuments et tombes.

No. 1 offre un mêlange de style grec et gothique, où pourtant le premier domine
qui n'est peut-être pas malheuresement imaginé. No. 2, 3, 4, 6 sont grecs et romains;
on auroit un beau sarcophage en alongeant No. 6; No. 5 est une chapelle gothique
avec la statue d'un Saint.

P l. III.

La nature se prète très rarement, peut-être ne se soumet-elle jamais, dans les parties à l'exécution d'un plan, tel que l'artiste l'a projetté; mais l'on doit s'avouer au premier coup d'oeil, que l'on ne pouvoit pas même tomber sur une pareille idée. Quelle violence faudroit-il faire à la nature champêtre, à quelle énorme dépense faudroit-il se soumettre, pour réaliser l'idée du dessinateur. Laquelle, par la disposition des objets naturels dans son imagination, étoit sans doute excellente, mais que de certaines circonstances amenées par la nature même peuvent rendre moins parfaite, moins belle et moins bonne. Une scene détachée amenée à grands frais, perd son charme et tout le mérite de la composition, si les parties, qui sont autour, n'y ont aucun raport; si un peu diversement modifiées, elles ne sont ni du même caractere ou d'un caractere qui y reponde, y prépare, y conduise ou la relève.

Néamoins de pareils dessins, où l'artiste a choisi de beaux sites pitoresques, et les a embellis par son imagination, ne seront certainement pas sans utilité, pour une certaine classe de propriétaires, qui ont besoin de voir la représentation de l'usage que l'on peut faire d'une place, ou d'êtres animés par l'heureuse exécution d'une partie pitoresque bien choisie, à produire quelque chose de semblable.

C'est pourquoi nous espérons que les amateurs de jardins ne seront pas fachés de trouver quelquefois dans ce Magazin de scenes relatives à ce goût. Quelque usage qu'on en fasse, ce seront toujours de beaux paysages à mettre en cadre.

La beauté du sujet représenté dans cette planche est si evidente, et la disposition en est si simple, que toute explication deviendroit superflue.

Pl. IV.

De beaux vases produisent un bel et agréable effet tant dans les ouvrages d'architecture que dans certaines parties de jardins.

Cette planche offre quelques uns de ces ornements, qu'il est aisé de se procurer à bon marché, si l'on les fait exécuter en argile cuit. Le potier Stoetzer à Ballenstedt en Bernbourg en fabrique à juste prix, exactement selon les dessins et les mesures, qu'on lui envoye, et même d'après le seul profil de grandeur naturelle.

Si l'on s'en raporte au fabriquant sur la figure ou la forme, on en reçoit préalablement des dessins parmi lesquels on peut choisir.

Un vase d'un pied et demi tout-uni coute			-		-	2 Rthlr.
médiocrement orné	-	-	-	-		3 —
plus richement	-	-	-	-	-	4 —
de 3 pieds uni	-	-	-	-		4 —
un peu orné	-	-	-	-	-	5 —
plus richement	-	-	-	-	-	6 —
de 4½ tout uni	-	-	-	-		5 —
un peu orné	-	-	-	-	-	6 —
plus richement	-	-	-	-	7—8 —

En plain air on les couvre d'une couleur à l'huile, dans l'intérieur d'un bâtiment on les enduit simplement d'une couleur collée, si l'on n'aime mieux les revetir d'un verni.

Ces vases comme parties supérieures de poëles ou fourneaux, font très bel effet. Il faut que les fourneaux pour lesquels on les destine, forment un pied-estal ou un autel de fonte jetté en moule dans de l'argile pour la forme ronde, ou dans le sable si l'on le veut quarré.

Il y a quelque précaution à prendre, si l'on ne veut pas que la fumée passe par ce qui surmonte le fourneau et qu'elle se borne seulement à circuler dans la partie inférieure; on pratique en ce cas une languette de briques dans le fourneau, pour que l'air puisse pénétrer par-tout et que l'humidité que le feu occasionne n'ait pas lieu dans les jointures. Cette précaution peut être prise dans la fonderie si l'on a soin, pour les parties perpendiculaires de faire que les jointures soient en dedans, ce qui previent que l'umidité y pénètre. Les pieces du pied-estal ne doivent pas être ajustées avec une exacte precision, parce que, par un feu violent, une partie peut recevoir des crevasses.

La trop grande chaleur est encore nuisible aux surtouts d'argile, si dans la partie inférieure, il n'a pas été pratiqué quelques ouvertures par où la chaleur puisse s'étendre. Si c'est un vase, dont la plinte ne soit pas percée, on peut la faire murer sur le fourneau avec des briques et de l'argile.

L'on peut encore dans le vase pratiquer un passage à la fumée. Comme on ne peut pas bien rendre en fer fondu de l'une ou de l'autre maniere, les parties de décorations et ornements, qui exigent de la précision et à de la finesse, on pourra à quelques égards y suppléer en laissant vuides les places destinées aux membres les plus fins et les plus déliés; le fourneau placé, on y attache les ornements faits de divers fils d'archal et de fines lames de fer. Ce dont on voit des desseins dans le milieu de la planche.

L'on peut à volonté frotter le dessus du poéle comme la caisse même, avec de la mine de plomb, ce qui donne au tout l'apparence de fonte; ou si le style de l'appartement le permet, y appliquer un noir mat, et y peindre des ornements etrusques couleur de feu avec du cinabre de l'ocre clair brulé; comme le montre cette planche.

Le bon goût exige que dans un appartement les murs, poéle et meubles soient d'un même style.

Les fourneaux ne devant jamais être posés immédiatement sur le parquet, on leur donne toujours une base ou socle, qui ne doit être ni plus haut, ni plus bas que celui qui parcourt les murs de l'appartement. En tout cas, il ne doit jamais avoir moins de 6 pouces pour que la chaleur n'endomage pas le plancher. Lorsque cette base a plus de 6 pouces, il n'est pas nécessaire d'y faire beaucoup d'ouvertures, l'on se contente d'une seule par derriere qui ne soit pas visible.

Pl. V.

Une serre d'architecture gothique en plain air, sous un ciel libre et exposée au soleil.

Ce bâtiment est composé au milieu d'une salle échaufée par le moyen de tuyaux qui en font le tour, placés à une certaine profondeur de manière que le bois qui les couvre et qui est suporté par des lames de fer, se trouve à niveau du parquet et qu'on n'aperçoit ces canaux que par leur effet.

Le fourneau qui communique le feu à ces canaux est placé dans le corridor.

A gauche de cette salle, se trouve un cabinet avec une cheminée, il communique avec la salle par une grande porte vitrée, à ce cabinet est jointe une autre piece encore plus petite qui l'échaufe par le moyen d'un fourneau de tole, dont le tuyeau est conduit à la cheminée. La sortie de ce cabinet donne dans le corridor derriere la salle. A droite de celle-ci est la demeure du jardinier avec une cuisine

devant laquelle est un escalier qui conduit à quelques chambres situées au dessus
de la demeure du jardinier et de deux cabinets et éclairées par de fenêtres rondes.

Pl. VI.

Ce temple de mousse fut construit l'été passé, à Ballenstedt, sur une hauteur qui
fournit une vue belle et étendue et où l'on jouit d'une agréable fraicheur.

    A   Face géometrique du côté de l'orient.

    B   Celle du Nord et C moitié du plan.

Les colonnes de ce bâtiment sont des arbres avec leur écorce, charpentés seulement du côté de l'intérieur: Le jour y entrant par le haut n'ayant pas permi d'y
employer des poutres, le cadre a été emboité comme il se voit à D.

Le toit est composé de roseau, de paille, d'herbe et de gazon.

Les murs sont de mousse si bien pressée dans des baguettes de noisettier
envergées l'une dans l'autre, qu'on ne les apperçoit pas.

Les lignes et les points e, f, g et h indiquent la maniere dont ces baguettes
sont disposées.

Pour la propreté la voute a été revêtue de toile peinte sur place.

L'escalier est tout entier garni de gazon vif.

Tout l'intérieur, ainsi que tables et chaises, quoique commode, est dans un
goût champêtre.

Pl. VII.

Idées pour deux maisons de plaisance.

Nous croyons que le style noble et gai de ces édifices annonce assez hautement
que la place d'un jardin qu'ils doivent occuper veut être choisie d'après les lois du
goût le plus exquis, qu'il faut avoir égard non seulement au site, mais encore con-
sidérer attentivement la couleur des objets d'alentour. Nous entendons par là le
contour et la forme de la surface en tant qu'elle est bornée par des bosquets ou des

arbres, le feuillage de ces arbres et sa nuance. Quelque agréable qu'on puisse se représenter une demeure située sur une colline sabloneuse, environnée par exemple de pins et de sapins; sans vouloir troubler le plaisir de personne, nous confessons ouvertement que de pareilles circonstances en rendent la seule pensée absolument impossible. L'énorme contraste qui s'y trouve se feroit à tout moment sentir par tous les nerfs. — Nous ne saurions choisir ce singulier emplacement après mure réflexion, que pour montrer qu'il faut plus que des connoissances ordinaires des regles de l'architecture pour !y élever un édifice qui produise l'effet attendu et que l'on exige. Tout dépend du jour dans lequel on expose le meilleur tableau, et tout l'art de l'architecte est inutile, si le lieu du bâtiment est en contradiction avec l'effet qu'il doit produire.

Près d'une maison de plaisance, la fraicheur de l'ombre est un besoin, qu'un tiran dans l'art du jardinage peut seul refuser: et en verité ce n'est pas une petite affaire que de contenter ce besoin d'une maniere convenable. — C'est à l'artiste à tirer le plus qu'il peut avantage de chaque objet. — Un beau bâtiment peut lui servir de point de vue, comme embellissement d'une perspective champêtre, sous divers aspects, offrir à l'oeil des variétés de forme, par le moyen d'illusions optiques, il faut donc qu'il place ses ombres du côté, qui en conséquence du site naturel du jardin, peut le moins admettre une belle vue et une perspective. Il lui importe dans les ressources de l'art, d'imiter la parcimonie de la providence pour ne pas être condamné au tribunal économique du goût comme criminel capital.

Nous pourrons par la suitte dans ces feuilles, traiter ce sujet plus amplement, pour opposer s'il est possible une digue à l'extravagance qui commence à règner dans les objets d'architecture élevés dans les jardins.

Pl. VIII.

Idée de deux sophas et quatre chaises pour jardins, mais qui ne peuvent être de mise que dans de parties qui respirent l'élégance et la sérénité. L'élégance de la forme ne permet pas de les employer dans des parties scabreuses et solitaires.   •

Pl. IX.

Idée pour une grille de fer. Les figures 1 et 3 peuvent aussi bien servir à des balcons ou fenêtres ouvertes jusqu'au parquet qu'à des terrasses, des escaliers etc. La figure 2 à garnir ou orner agréablement des portes d'entrée et cocheres.

Termes et monuments dans les jardins.

D'après le plan de ce Magazin, tout ce qui concerne la choix, la belle ordonnance et le reste, tout ce qui peut dépendre du goût pour la beauté et l'utilité de la forme et généralement aquérir un extérieur agréable, a droit d'y trouver place. Nous nous faisons donc un devoir de donner ici pour essai quelques desseins de ces objets qui souvent relevent fort dans un jardin ce que diverses parties ont de piquant, et donnent de la fermeté et de la rectitude aux sensations indéterminées et vagues qu'elles occasionnent, d'autant plus que dans ce moment-ci le goût pour les jardins semble être plus fort que jamais et avoir fait des progrès considérables. *)

De quels autres objets pourroit-il être ici question que de monuments? Posés pour perpétuer le souvenir d'évènements grands et intéressants, pour nous occuper du mérite, des talents et des vertus de ceux à qui ils sont été élevés, ils ouvrent à notre imagination un agréable champ qui est un bienfait pour notre coeur.

Ce n'est donc pas un indifférent service, que nous croyons rendre aux amateurs de beaux jardins, intéressés à cet ouvrage, avant que de leur présenter dans notre Magazin quelques idées pour des monuments, de leur offrir sur ce sujet quelques remarques, tant sur ce qui en concerne l'histoire, que ce qui a raport aux principes simples d'après lesquels ils doivent être composés et construits.

Les monuments ou termes sont des ouvrages d'architecture ou de sculpture; ils conservent ce nom quand ils sont destinés à faire passer à la posterité la mémoire de quelque évènement de grande importance pour la patrie en particulier ou pour le genre humain en général; mais s'ils sont élevés sur la tombe réelle ou prétextée d'un

---

*) Il vient de paroitre sur cette matiere, chez l'éditeur de ce Magazin un ouvrage allemand très intéressant sous le titre d'essai sur les moyens d'améliorer à la manière anglaise les jardins françois. Le prix est de 8 gros.

grand homme en un genre quelconque, on les nomme tombeaux ou mausolés; on les appelle simplement termes, s'ils sont employés principalement pour embellir une partie ou une place.

Dans ces temps bruts de l'antiquité, où l'on ne connoissoit encore ni écriture ni lettres si nécessaires pour perpétuer le souvenir des évènements remarquables, où l'art étoit encore entièrement inconnu, l'on posoit une grosse pierre sur l'endroit où s'étoit remporté une célèbre victoire, où un homme célèbre avoit été enterré; ou bien l'on formoit un monticule de terre parsémé de petites pierres, ou enfin l'on formoit un tas de pierres, et la tradition conservoit la raison pourquoi l'on en avoit agi ainsi, ce qui prevenoit le défaut de la qualité nécessaire à un terme ou à un monument, de l'indication précise pourquoi il existoit, de la tradition orale du fait et du nom du héros. Il n'est pas rare de trouver dans le nord et en Ecosse de pareils termes.

Tels étoient les tombeaux des plus anciens peuples et même des Grecs. Lorsque le goût des arts commença à germer dans l'homme, l'image des divinités et les tombeaux des grands hommes furent le premier sujet sur lequel il s'exerça. La forme perdit sa rudesse et commença à devenir reguliere. Les pierres des tombes reçurent une forme quarrée ou conique sur lesquelles furent gravées des inscriptions.

Outre la forme conique dont il vient d'être question, l'on donnoit à ces monuments la forme d'une colonne basse, mais le goût du luxe ayant fait des progrès, et cette simplicité ne suffisant plus, l'on planta deux colonnes à côté l'une de l'autre, que l'on surmonta d'un fait ou fronton, ce qui produisit la plus simple forme d'un temple au milieu duquel fut placée l'image de celui, dont on vouloit conserver le souvenir.

Ce n'étoit encore là que les premiers pas de l'art et pour ainsi dire que les premiers efforts pour illustrer la mémoire des grands hommes ou de quelques revolutions intéressantes. Les monuments sont toujours une marque visible des progrès de l'homme dans les arts et autres connoissances en général. L'on ne se contenta plus de ces simples moyens. L'on éleva de grosses et hautes colonnes, comme la trajane et antonine, de grands édifices, divers arcs de triomphe, le fameux mausolée, et d'énormes piramides, comme dès les plus anciens tems en Egypte où l'on a cherché a en imposer plutôt par la grosseur des masses, que mériter l'admiration par la grandeur et la noblesse de l'art.

C'est à Rome et dans la Grece que les monuments ont été le plus nombreux, les exploits des grands hommes qu'on vouloit éterniser, étant étroitement liés avec la constitution de l'état.

Nous ne faisons pas de nos jours le même usage de ces monuments, qu'en faisoient les Grecs et les Romains. Il les élevoient dans les places publiques et sur les grands chemins; et les grands talents, le mérite supérieur, par ces recompenses durables dovoient enflamer l'émulation.

Les peuples modernes qui ne semblent aucunement animés de l'esprit public, les placent dans des endroits enclos, dans les cimetières où l'on va rarement, et toujours avec une disposition d'ame peu favorable aux impressions que les monuments devroient produire; dans les églises où une infinité de causes en empêchent l'effet sur l'ame de l'observateur, s'il s'en trouve.

Quoique les jardins ne soient pas l'endroit le plus propre à éterniser toute sorte de gloire, il sont cependant la meilleure place qu'ayent choisi les nations nouvelles.

C'est dans la capitale, aux dépens de la nation, qu'on expose à ses yeux les monuments des souverains, des héros, de ceux qui ont rendu de grands services, influé sur le bonheur de l'état, enfin qui ont droit à une renommée durable.

Ceux au contraire, que l'homme privé peut ériger, et qui ne sont pas la recompense de vertus sublimes ou de talents brillants, mais qui ne sont destinés qu'à la mémoire de faits, talents ou qualités agréables, ne sauroient trouver de meilleure place que dans un ombrage agréable, ou dans un des points de vue qu'une des parties dans un jardin peut offrir.

Ces sortes de monuments y seront d'autant plus convenablement placés, que les qualités de celui à qui on les éleve, auront plus de raport à la culture des jardins, à la belle et simple nature, à l'embellissement et ennoblissement de ses charmes.

Ceux qui y ont le plus de droits, sont sans contredit les poëtes, les artistes et les aimables philosophes, ainsi que ces hommes qui ont fait époque dans l'agriculture et le jardinage. La vue de leurs monuments doit reveiller dans l'ame la plus précieuse partie de leur existence, et en repandre les suites sur la postérité la plus reculée. L'esprit de l'observateur s'exalte à l'idée de leur mérite et devient leur émule, il conçoit de grands et nobles desseins; il sent sa propre élévation et sa grandeur, et se trouve dans la disposition la plus favorable pour les beautés de la nature.

Une pareille exaltation de l'ame est un plus noble motif pour porter l'artiste philosophe à ériger un ouvrage, que la maigre idée de vouloir relever les charmes de la belle nature par une pierre artistement travaillée, qui ne dit rien. Celui qui le premier éleva un monument de cette espece, n'avoit jamais eu le moindre pressentiment du noble bût de l'art ni de ses sublimes effets sur notre ame, il ne soupçonnoit pas la délicieuse jouissance qu' éprouve notre coeur à s'occuper des grands hommes et de leurs exploits.

Cette occupation, cette jouissance doivent donc être le bût de tout monument ou terme dans un jardin, et l'unique soin de l'artiste doit être d'y atteindre.

Il ne manquera pas de sentir que le choix de l'emplacement est d'une importance infinie à cause de l'effet que doit produire son ouvrage. Le monument qui placé sur une belle coline fait plainement son effet, le manqueroit peut-être entièrement, s'il avoit été posé dans un endroit sombre et mélancolique.

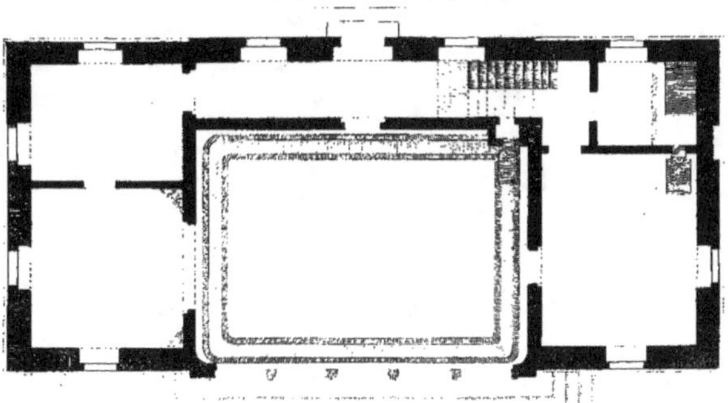
K. Ellen

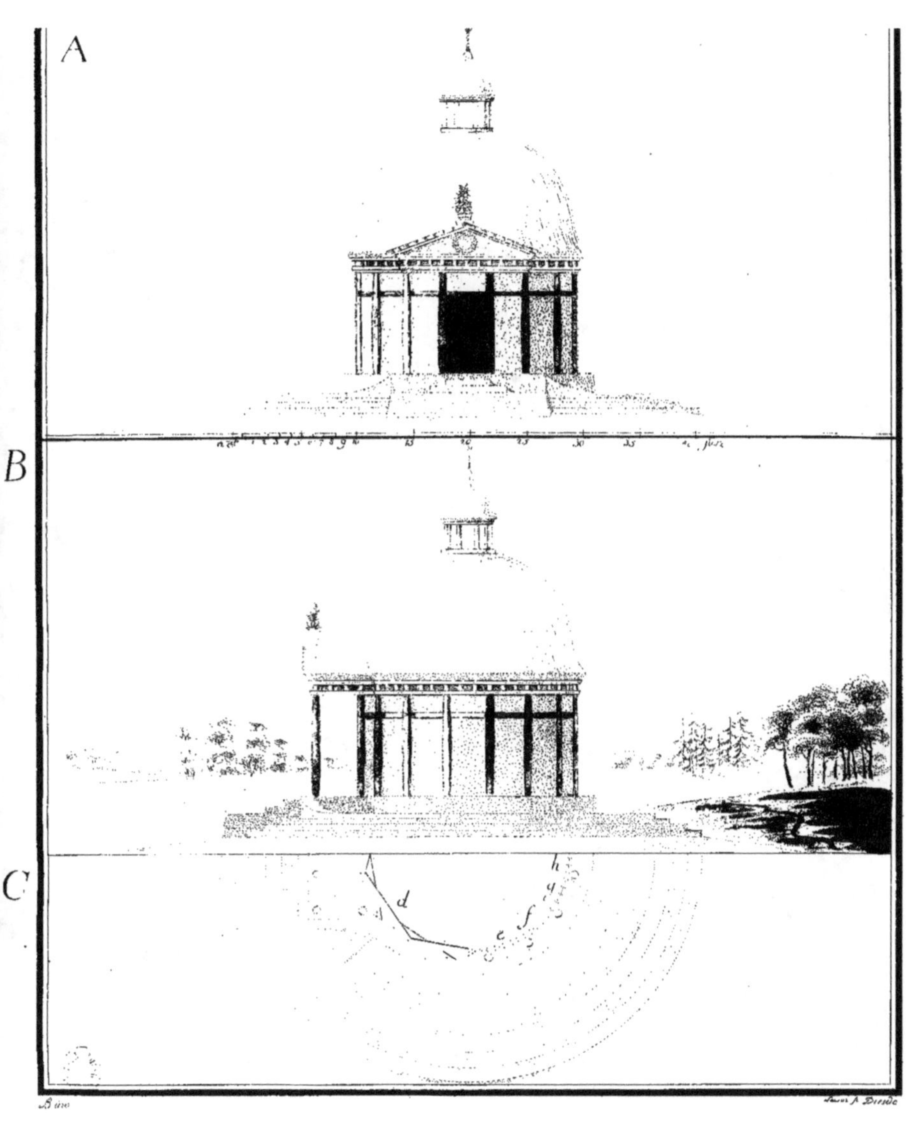

A
B
C
d
e
f
g
h

Tab: VII.

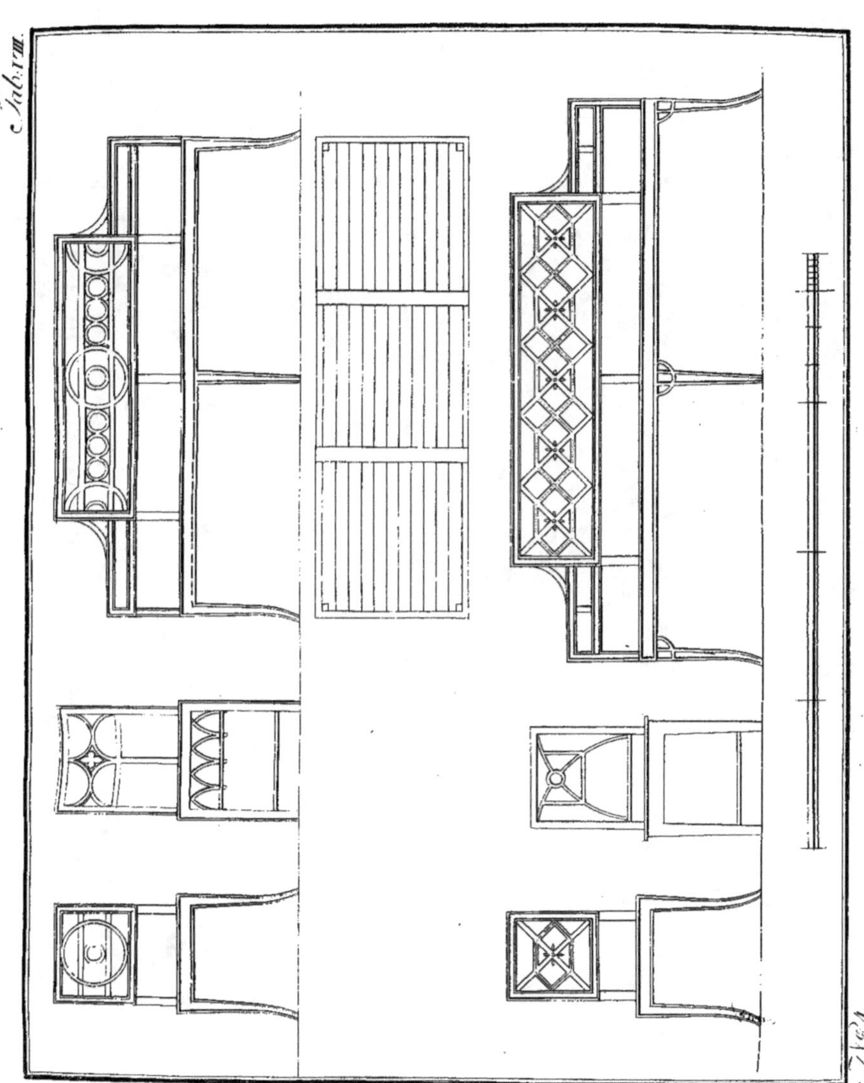
Tab.III.
No.4.

MAGAZIN

POUR

LES GENS DE GOUT

PREMIER CAHIER
No. II.

Idées pour Meubles.

NOUVELLE EDITION.

LEIPSIC
CHEZ FREDERIC AUGUSTE LEO.
1800.
MOSCOW,
CHEZ RISS ET SAUCET.

Planche I.

Chaises pour chambre de compagnie, salle à manger, chambre à coucher, cabinet et autres pieces, dans le dernier goût anglois; elles sont simples et peu chargées d'ornements, pour ne pas en empêcher la commodité de l'usage.

Si le bois des chaises doit être de couleur naturelle, on peut y employer le mahagoni, le poirier, le prunier, le cerisier, l'orme ou le chêne. Si l'on veut qu'il ait la couleur de l'une ou l'autre sorte de ces bois, ou le peindre en blanc et pour plus de durée, recouvrir ce blanc d'un vernis, l'on peut se servir des diverses sortes de hêtres, du platane et autres bois; il faut excepter les bois mols qui ne sont pas de durée, et celui d'aune parce que les vers l'attaquent ordinairement.

Il faut que la couleur du bois des chaises s'accorde avec celle des autres meubles, comme tables, bureaux, cadres de miroir et autres, et que les housses soient d'une couleur corréspondante à celle du fonds de la tapisserie. Selon le plus ou moins de magnificence de l'appartement et selon la richesse des ornements, on y employe le damas, le satin, le taffetas, l'ibertine, l'indienne, le crin noir ou la toile peinte.

Fig 1. Fauteuil dans une chambre de visite, ou à coucher; le siege et le dossier rembourrés, le siege garni de ressorts ou à l'angloise entièrement rempourré de crin; les accoudoirs à petits bourrelets, comme la Fig. 2 le montre dans le profil de la Fig. 1. La forme de ce fauteuil fait qu'il peut être placé dans des pieces peintes et ornées à l'etrusque; le bois pourroit en être noir ou d'un brun foncé, et les lisleaux et ornements en reliefs rouges comme le médaillon en demi-cercle, ou tel autre ornement qu'on auroit choisi; mais pour une piece ornée d'arabesques, le bois en devroit être blanc ou brun, le médaillon à moitié rond avec le sujet qui doit le remplir, peint de diverses couleurs sur un fonds violet foncé, brun cerise, gros verd, bleu, lilas, orange et autres s'accordant avec celle des murs.

La mesure indiquée ici est prise du pied et de l'aune de Leipsic.

Il est à propos d'avertir que la commodité exige que les fauteils ayent plus de largeur que les chaises sans bras.

Pl. II.

Idées pour meubles. Fig. 1. Petite table à ouvrage de mahagoni ou de poirier, ou de tout autre bois coloré, accordant avec les autres meubles de la chambre. La couleur de la draperie doit corréspondre à celle de la tapisscrie, et garnie de franges blanches, de couleur ou d'or. Entre autres usages elle peut servir de table à miroir.

Il en est de même de la table ronde, Fig. 2. La figure dans le médaillon allongé peut être peinte en détrempe et vernie, ou seulemeut en huile.

Si l'on a destiné à l'ouvrage, elle aura quatre pieds, sera parfaitement ronde avec deux médaillons; pour être à demeure, elle sera formée à demi-cercle ou demi-ovale et n'aura que trois pieds.

Fig. 3. Commode contre un pillier, avec une porte. La frise qui est au-dessus à fonds peint et avec figures, sur fer blanc et verni, forme un tiroir. Le médaillon ovale de la porte en sera mieux de la même manière et verni.

Fig. 4. Commode quarrée pour être placée de même, avec tiroirs et ornements étrusques incrustés.

Pl. III.

Six idées pour tables. No. 1, 5 et 6 avec tiroirs que l'on peut suprimer, dans lequel cas l'ornement de la frise peut se continuer sans interruption.

Dans le choix d'une de ces tables, de quelque bois qu'elles soient construites, il est naturel de consulter le plus ou le moins de magnificence des ornements de la chambre, afin de ne pas admettre no. 6 dans la pièce que l'on occupe journellement, si elle est d'un style simple, et No. 1 dans une magnifique chambre de visite.

Toutes ces tables ainsi qu'un grand nombre d'autres de différentes longueurs et largeur se trouvent à Ballenstedt auprès de Bernbourg chez le Sr. Sanderhof faiseur d'instruments de la cour. Il fabrique en même tems à juste prix divers instruments de musique.

Un clavecin royal à six variations de chêne ciré et poli	40 écus en or.
de noyer dito	50 —
de mahagoni dito	80 —
Epinctes de sapin couleur de mahagoni	18 —
de chêne poli	22 —
de noyer dito	24 —
de mahagoni dito	55 —
Grande harpe d'après la forme de la harpe à pédale de Paris	18 —
plus petites de la même forme	12 —

MAGAZIN

POUR

LES GENS DE GOUT

PREMIER CAHIER
No. III.

Idées pour décorations d'appartements.

NOUVELLE EDITION.

LEIPSIC
CHEZ FREDERIC AUGUSTE LEO.
1800.

MOSCOW,
CHEZ RISS ET SAUCET.

EXPLICATION
DE L'ESTAMPE DU FRONTISPICE
DU
PREMIER VOLUME.

Une Nayade dans une grotte appuyée sur son urne.

Dans une partie écartée d'un jardin, où la nature auroit fait d'heureux prépa-
ratifs, cette planche, moyennant quelques changements, que le jardinier de génie sait
trouver sans qu'on les lui indique, peut servir de modèle sur la manière d'aider convenablement la nature. Nous croyons que dans le voisinage ou du moins à la vue
de cette partie il ne conviendroit pas d'élever une maison habitable, ni de chercher
des moyens forcés pour produire une pareille scène, si la nature elle même n'y prête
la main. L'expérience n'a que trop souvent prouvé que de certaines masses impo-
santes qu'offre la nature d'elle même, ne sauroient s'imiter qu'imparfaitement, et par
conséquent ne produire qu'un très petit effet, plus grande avoit été la somme de
forces employées par l'inconsidéré imitateur pour y parvenir.

Il ne faut pas trop prodiguer l'art: il n'en coute que peu de peine pour embellir les parties que la nature a formées pour entrer dans la composition d'un jardin;
mais là où elle ne l'a pas fait, on doit se contenter d'arbres qui sont le plus naturel
des ornements, ou si l'on veut de l'art, on peut en cas de besoin planter des hayes
de charmilles, des sallons et le reste, afin qu'on voye qu'il doit y avoir de l'art.

Frappé de plusieurs abus de cette espece, le rédacteur de ces feuilles, ne
sauroit s'empêcher de mettre sous les yeux de ceux qui veulent former des jardins,

l'énergique apostrophe de la nature aux artistes, dans le cinquième chant de la nature champêtres de Marnezia, poëme qui hors le desordre et le défaut de plan, contient d'excellents instructions, et dont divers passages ne peuvent que vivement intéresser. Elle parle ainsi:

„Homme foible et borné, que je n'ai rendu que trop heureux par le don de jouir, te crois-tu né pour créer? Nain téméraire, tu crois dans ton erreur te moquer de mes décrets et braver l'éternité de mon empire? Tu prétends briser des rochers qui te blessent la vue? O ils méprisent ton or, ton acier et ton orgueil. C'est avec une peine amere et douloureuse que tu cherches à élever ce sable? Cette montagne artificiellement forcée jusqu'à une hauteur de pigmée, défigure et deshonore cette belle plaine. Il te faut un fleuve, tu lui préscris son cours, et nous forces à regretter ses ondes argentines, qui sans toi et tes en travers rouleroient avec une agréable douceur, enrichissant ses bords d'une abondante verdure et faisant entendre un vif murmure. Considere mes trésors-ils sont riches et répandus par-tout; par-tout j'offre à tes yeux quelque beauté: ne les déplace jamais, ce seroit les détruire. Lis, étudie mon livre, tu y trouveras de précieuses instructions."

C'est la lecture que nous récommendons de notre mieux à tout l'artiste en jardin.

Pl. I. II. III.

Il n'y a point d'homme de la classe cultivée, qui ne sente combien l'arrangement et l'embellissement de sa demeure contribuent à son bien-être et à son contentement. Dans l'éloignement de grandes villes, il est souvent difficile de trouver un habile peintre en décoration, pour y supléer, nous offrons ici trois modèles d'ornements de chambres, dont au défaut de peintre on peut se servir et les exécuter en papier pour tapisseries et divers membres pour bordures; on le trouve à Leipsic.

Chacun peut à son goût choisir la couleur du fonds, mais il est à remarquer que les nuances douces et mourantes sont préférables aux couleurs fortes et tranchantes.

Un fonds uniforme produit toujours un meilleur effet, qu'un mêlange bizarre de toute sorte de fleurs et autres figures, comme cela se voit encore fréquemment sur bien de tapisseries.

Les figures des panneaux et surportes, qui communiquent au tout un ornement agréable et un air d'opulence, peuvent au défaut d'un bon peintre, être remplacées par divers médaillons, que l'on trouve également à choisir dans les magazins de tapisseries; comme le dessein en est correct, ils sont de beaucoup préférables au barbouillage d'un mauvais peintre.

Les lambris d'appui peuvent être simplement gris ou de papier marbré avec ou sans panneaux.

Pour l'ordre et l'arrangement de l'appartement, on pourra se rapeller ce qui a été dit au planche VI—IX de ce cahier.

Pl. IV.

Dessus de fourneaux dans le goût gothique, étrusque et romain. Ils sont déssinés ici pour être posés sur des fourneaux de fer d'une aune et demi ou de trois pieds de

Leipsic, il est aisé de leur donner toute autre proportion pour pouvoir les employer sur des fourneaux plus ou moins grands; le potier peut les vernir ou laisser mat, pour celui à l'étrusque, l'ouvrier consultera le dessein pour laisser sans vernissure les endroits qui doivent recevoir une couleur en détrempe.

Les endroits noirs dans les figures 1 et 3 sont des ouvertures tout à fait à jour, et servent à augmenter la chaleur de l'appartement.

Il n'est peut-être pas inutile d'avertir que le gothique et l'étrusque ne peuvent être admis que dans des pièces décorées dans le même goût.

Pl.   V.

Fig. 1. Deux dessus de porte de goût étrusque, dont on peut se servir dans une pièce à tapisserie uni-color, comme paille, verte, bleue et même gris-clair. Il est facile de leur donner la largeur convenable à chaque porte, pourvû que l'éspace au-dessus de la porte ait la hauteur nécessaire; l'on prend la largeur de la porte avec sa bordure, l'on notte les pieds et les pouces du produit; l'on prend ensuite la largeur inférieure du petit panneau, sur lequel repose le superporte et divise la largeur trouvée d'après les pieds et pouces que l'on a nottés, ce qui donne le racourci d'après lequel chaque vase et tout autre ornement de ce dessus de porte peut être appliqué contre le mur.

Fig. 2. Lambris d'appui pour tout appartement simplement décoré, ou tendu d'une tapisserie uni-color. Si l'appartement est bas, la bande obscure ornée d'arabesques et le listel supérieur jusqu'au-dessous du membre indiqué, qui forment la base du lambris, peuvent être supprimés.

Fig. 3. Lambris pour une pièce richement décorée avec peu de meubles ou dumoins de ceux qui en deroberoient en grande partie la vue. Pour exécuter cette idée, il faut avoir garde que le panneau avec le médaillon allongé, se trouve toujours au milieu d'un mur ou d'une division.

La couleur doit toujours avoir raport à celle de la tapisserie, il faut que le choix simpatise.

Pl. VI.

Les ornements indiqués ici peuvent trouver place dans les chambres de visite, les salles 'à manger et les pièces qu'on habite, sallons de jardins et autres. On peut si l'on veut conserver les ruines peintes sur les panneaux, ou y substituer des paysages riants, ou y répresenter les jeux et occupations champêtres de l'été, ou tout autre objet qui excite une douce sensation et occupe agréablement l'imagination. Les bordures ou quadres peuvent avec ou sans ornement, comme les pans et les lambris s'exécuter en relief, ou être seulement peintes comme les autres décorations.

Dans toutes les pièces qui ont peu de hauteur l'on fera d'escendre le mur, du haut de la corniche jusqu'au plancher parce que la fréquente division de panneaux souvent trop larges et à proportion trop bas, par des lignes perpendiculaires leur donne une hauteur apparente qui fait bon effet. Le plus ou moins de largeur des panneaux peut se proportionner aux murailles pour lesquelles ils sont destinés; mais un panneau large est plus susceptible d'être rétréci qu'élargi, parce que l'illusion produite par la hauteur artificielle des pans cesseroit en grande partie, puisque les pièces assez hautes par les panneaux trop larges semblent perdre leur heuteur.

Pour cette raison, on ne doit employer que de bas lambris dans les pièces auxquelles la hauteur manque.

Pl. VII.

Disposition et ornement d'un cabinet rond, dont les fenêtres et les entremurs sont d'égale largeur, et surmontées de la moitié des décorations du plat-fond. Ces sortes d'ornemens exigent de toute nécessité outre la beauté, une harmonie parfaite dans les couleurs. Le peintre en arabesques manque cette perfection par une touche trop dure, et en associant des couleurs, qui ne simpatisent pas, il en détruit la douce harmonie.

La division du plat-fond en plusieurs panneaux est très favorable pour les ornements arabesques.

Pl. VIII.

Panneaux de portes.

Le fonds de No. 1 ainsi que le fonds du médaillon, et celui du second modèle dépendent de la couleur de la tapisserie.

Le médaillon du premier modèle, peut être supléé par tout autre pris dans une fabrique de tapisserie, si l'on ne pouvoit recevoir un bon peintre.

Pl.   IX.

Ornements d'une pièce, en couleurs très bien choisies; le choix des couleurs, la disposition de la décoration conservée, dépend toujours du goût du propriétaire.

La grande figure dans le panneau verd-clair, et les médaillons des deux autres panneaux moins larges, qui dans une pièce déstinée à être décorée de cette maniere doivent néanmoins avoir le même format, c'est-à-dire que l'un ne doit pas former un ovale horizontal, si la plus longue ligne tirée par le milieu de l'autre tombe perpendiculairement, c'est-à-dire dans les cas où les murs d'une chambre n'auroient pas une longueur suffisante pour que le médaillon droit se trouvât précisément dans le milieu; à quoi l'on peut supléer par des tapisseries semblables ou autres à son choix, si l'on n'a pas de peintre.

Le fonds marbré du panneau avec le médaillon, les arabesques sur fonds noir, dont nous donnons deux exemples dans ces feuilles, dépendent de la volonté du propriétaire, du choix de la couleur fondamentale de l'appartement ainsi que de celle du grand panneau avec la figure. Pour les arabesques, le choix une fois fait, il est indispensable de s'y tenir.

Les guirlandes derrière le poële, et les autres présentées dans cette feuille, se trouvent dans les fabriques de tapisserie, l'on peut même les suprimer entièrement.

L'on trouve dans les mêmes fabriques les articles nécessaires pour l'entourage et les bordures des panneaux.

Le lambris peut se faire de papier uni ou marbré.

Pl. X.

En donnant ici un modèle d'ornements à l'égyptienne pour un appartement, ce n'est pas que nous desirions, soit dit en passant, que le goût égyptien tel qu'il est réprésenté dans cette feuille, soit aussi bon ou meilleur que le goût arabe, mais en certains cas, par exemple pour décorer une loge de francs maçons, au défauts d'architecte et de peintre initiés, on peut y employer ce qui peut y convenir. Il n'est pas question ici des proportions ni de la vraye mesure égyptienne, et à parler franchement, plutôt pour le bien que pour le détriment de l'art, nous les connoissons trop peu pour qu'un manquement put trop choquer la vue: pourvûque ce que nous connoissons du style égyptien soit d'ailleurs bien employé.   Cela suffit en même tems pour disculper l'artiste, si par hazard cette feuille tombe entre les mains d'un anticaire égyptien, qui pourroit s'aviser de faire d'injustes objections contre le but de cet ouvrage.

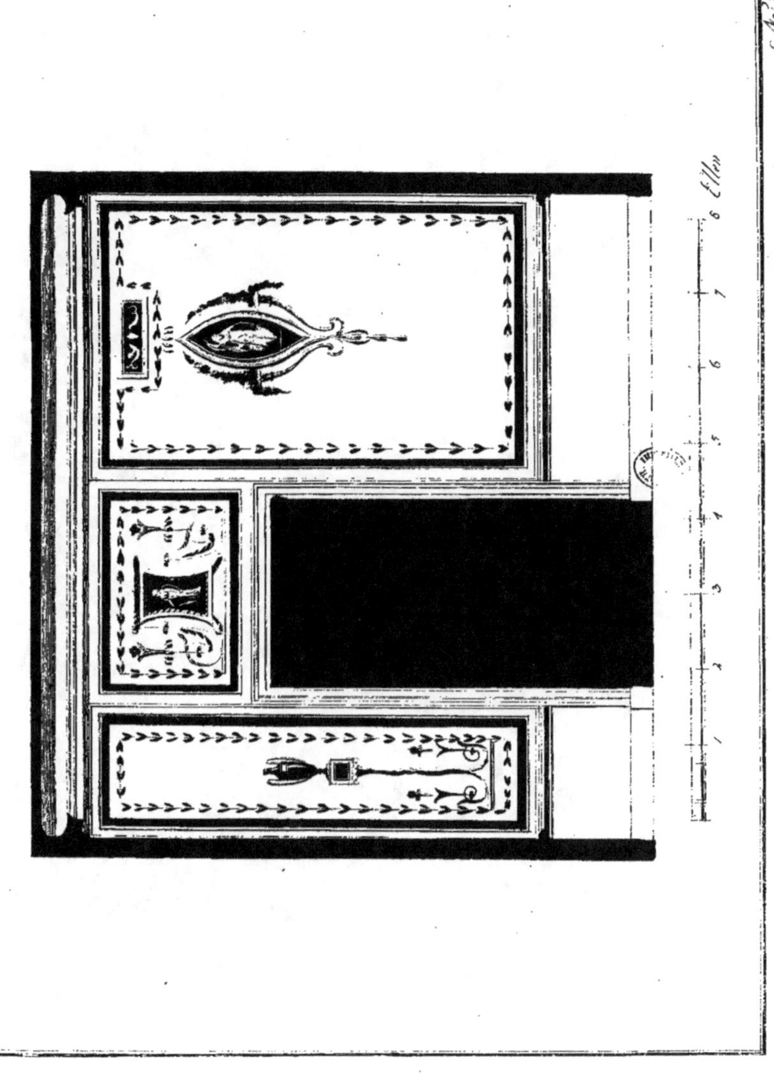

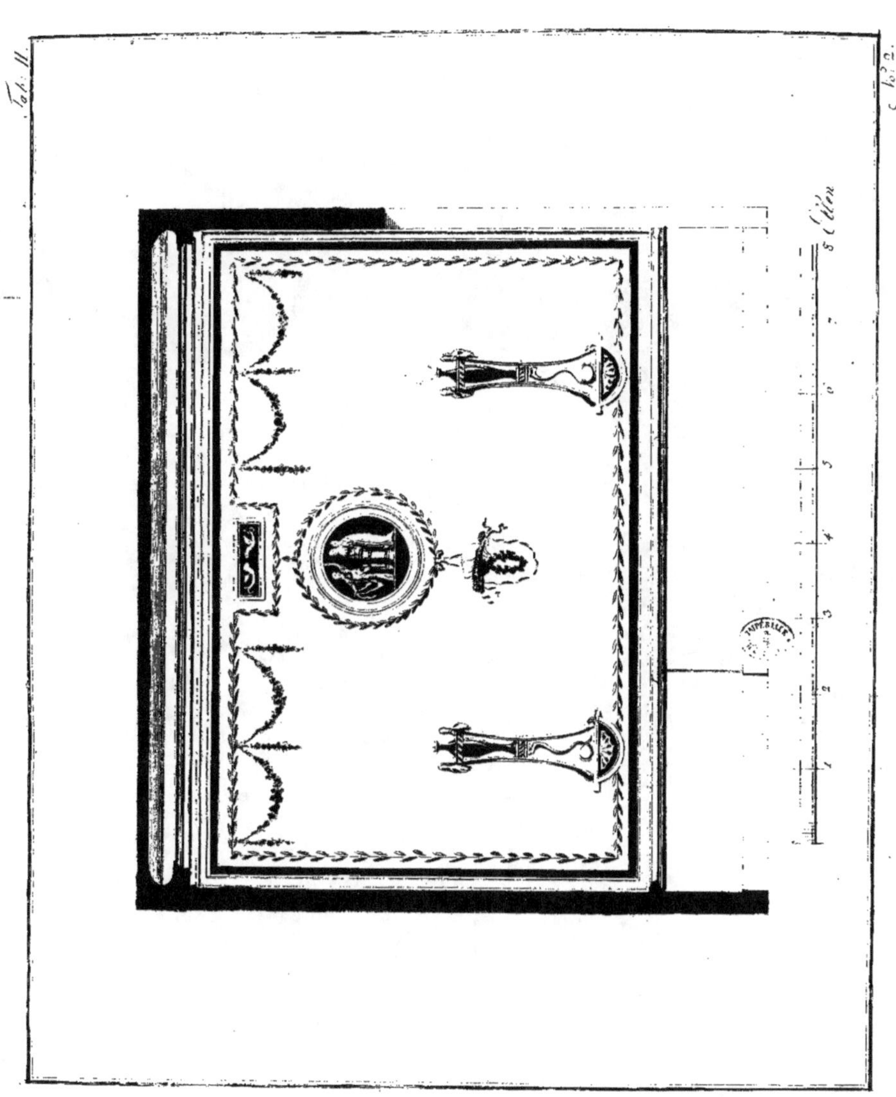

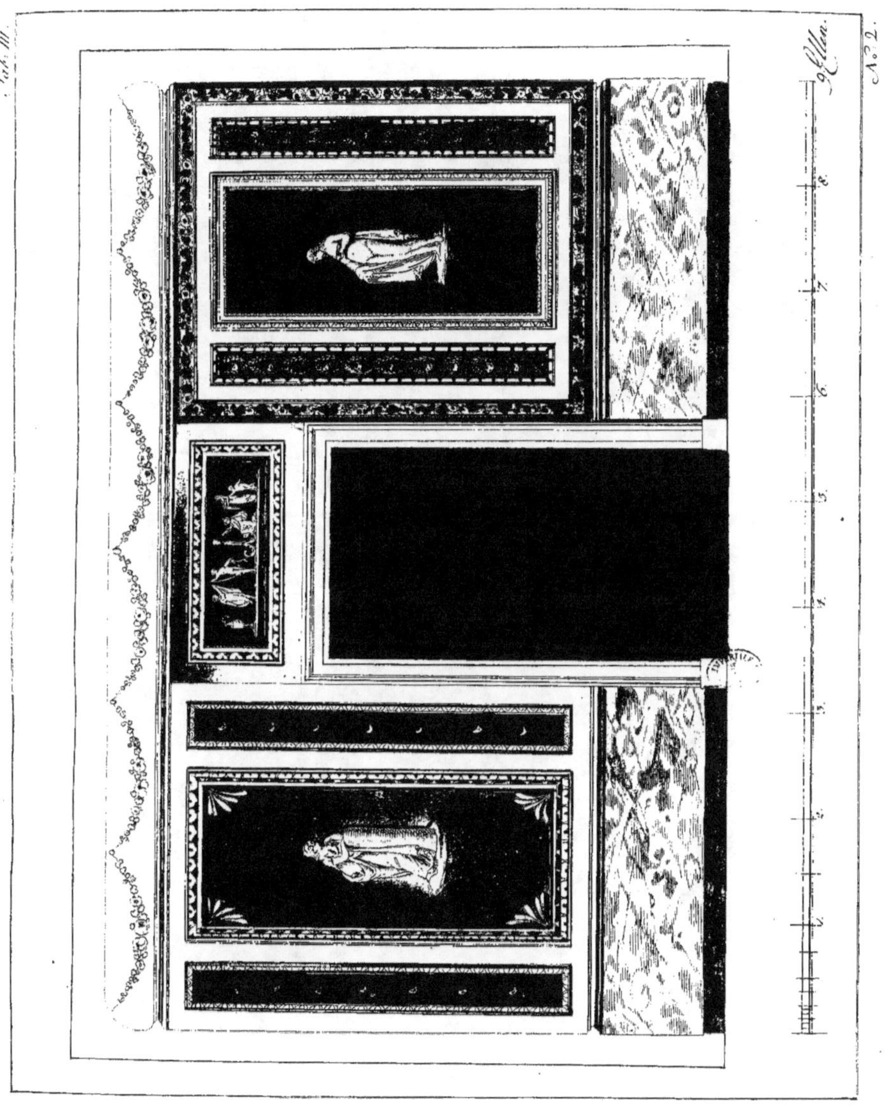
Tab. III.
N.o 2.

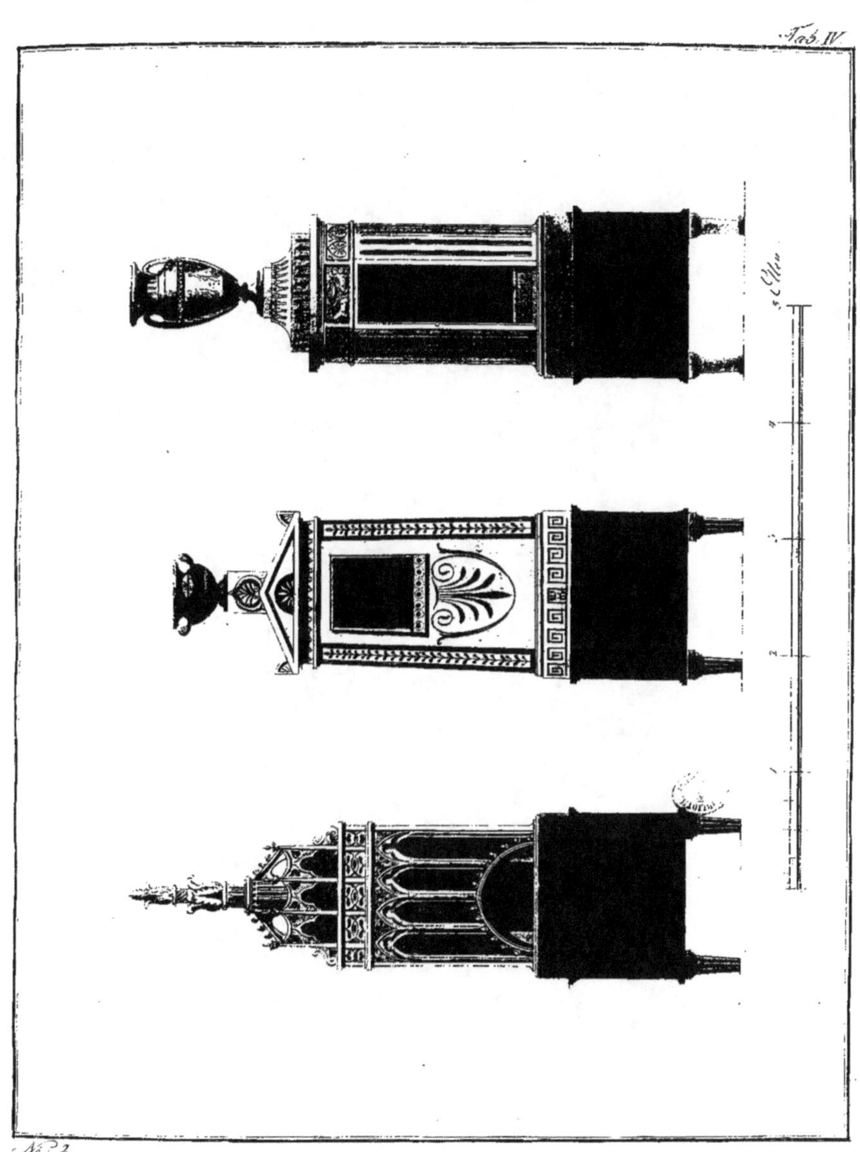

No. 2.

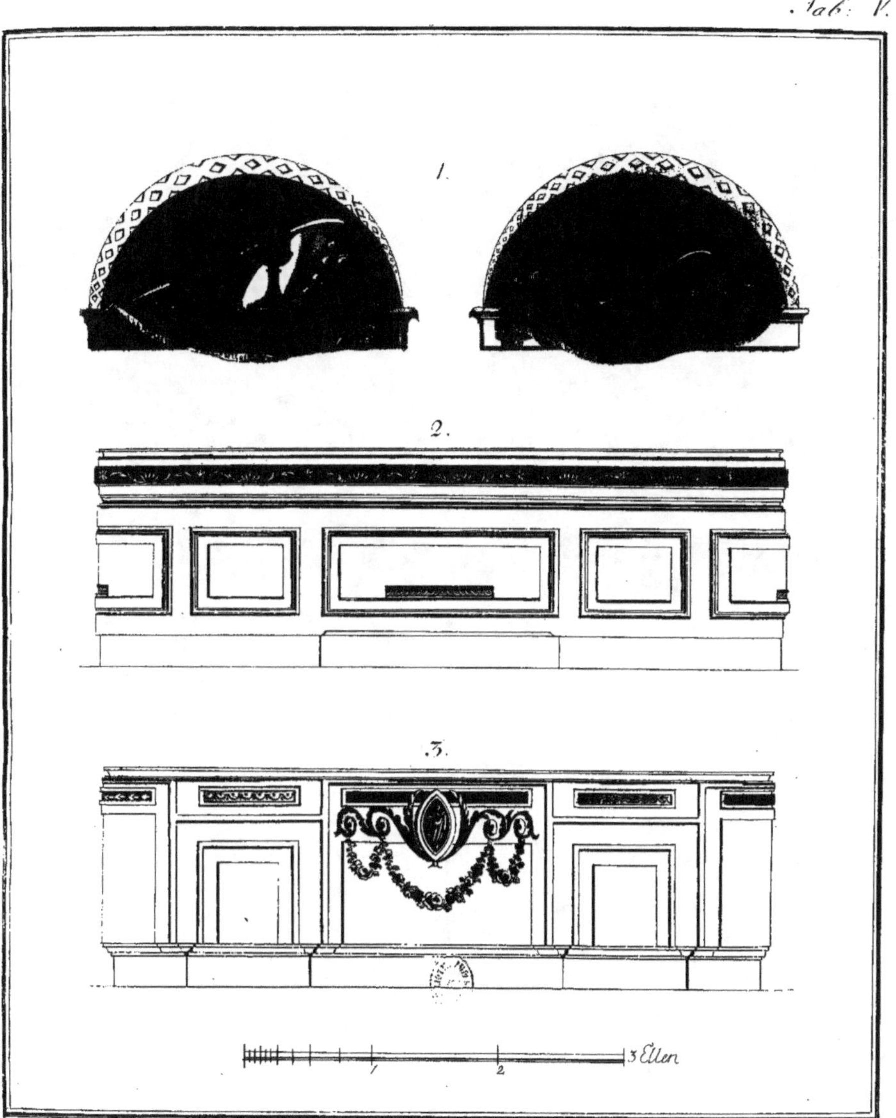
Tab: V.
1.
2.
3.
3 Ellen
1
2

Tab. III
1 2 3 4 5 6 7 8 9 10 Ellen

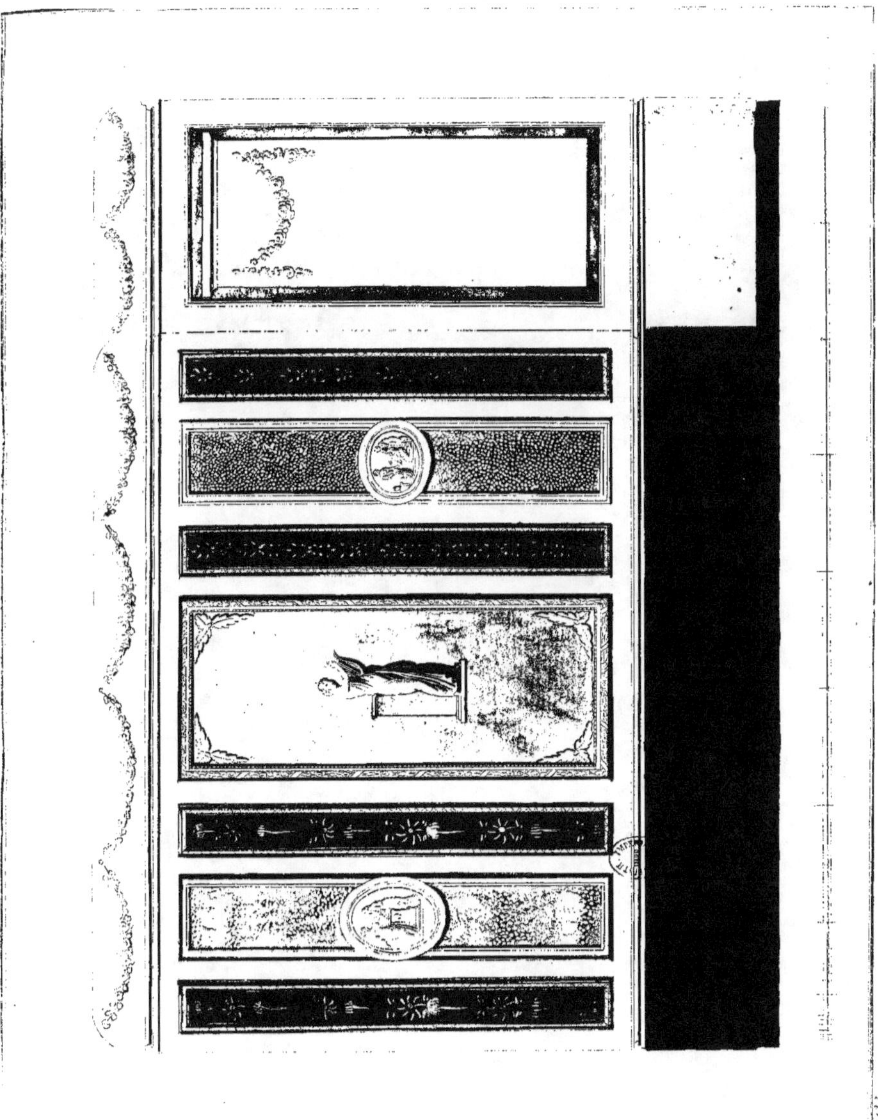

Tab. X.
N°. 4

9 782329 697307